Sobeyda Peñalba

Una Suave Brisa

Sobeyda Peñalba

Una Suave Brisa

Ars poética

JustFiction Edition

Imprint
Any brand names and product names mentioned in this book are subject to trademark, brand or patent protection and are trademarks or registered trademarks of their respective holders. The use of brand names, product names, common names, trade names, product descriptions etc. even without a particular marking in this work is in no way to be construed to mean that such names may be regarded as unrestricted in respect of trademark and brand protection legislation and could thus be used by anyone.

Cover image: www.ingimage.com

Publisher:
JustFiction! Edition
is a trademark of
Dodo Books Indian Ocean Ltd. and OmniScriptum S.R.L publishing group

120 High Road, East Finchley, London, N2 9ED, United Kingdom
Str. Armeneasca 28/1, office 1, Chisinau MD-2012, Republic of Moldova, Europe
Printed at: see last page
ISBN: 978-620-6-74312-5

DEDICATORIA

Este poemario significa para mí un sueño alcanzado y hecho realidad como una expresión de mi yo lírico, por tal motivo lo dedico con todo mi amor a mis hijos Francisco Javier y Francisco Emir Cabezas Peñalba y a mis madres Lelia Teresa Navas Díaz y Leonor Corea Guevara.

Un reconocimiento a mis estudiantes de la carrera de Lengua y Literatura de la UNAN-León y BICU-Bonanza.

ÍNDICE

UNA SUAVE BRISA

MUJER DE HIERRO

POEMAS DE LO COTIDIANO

AWAS TANGI

«La poesía tiene que ser humana.
Si no es humana, no es poesía»

Vicente Aleixandre
Poeta español de la «Generación del 27»

«Debemos de cantar
como canta el gorrión al azahar:
encontrar la poesía de las cosas
comunes,
La poesía del día, la del martes, y
del lunes,
La del jarro, la hamaca y el jicote,
el pipián, el chayote,
el trago y el jornal»

Pablo Antonio Cuadra
Poeta pilar de la poesía nicaragüense

Prólogo

Isidro Rodríguez Silva

Para mí es un honor prologar *Suave Brisa* de la maestra y poeta Sobeyda Peñalba, pero sobre todo de una gran amiga, además de compañero en la UNAN-León, también fui su tutor al completar sus estudios de la Maestría de Lengua y Literatura Hispánicas impartido por la Universidad Bicentenaria UNAN-León.   También he visto y gozado como Sobeyda Peñalba, una sembradora de la palabra, ha cosechado cada verso, cada poema, que hoy reunido forman en su conjunto temático este poemario.

Para la poeta Sobeyda Peñalba la poesía no se reduce a una estructura de versos y rimas, una definición que hace pequeña lo que es realmente la poesía. Para ella, la poesía es una expresión de la vida, por eso está presente, los seres que ama, los paisajes que le impresionan, la vida cotidiana y ella misma como mujer, sujeto de cambio y de creación.

> Has estado siempre aquí
> después de tu partida.
> solo quiero decirte
> que la brisa, que una vez acarició mi rostro,
> se convirtió en aire fresco
> llenando mi vida de soplo vital.

Su poesía nace de la creación misma de su yo interior, lírico en cuanto toca y trastoca su ser por medio los sentimientos y la emoción de vivir. La poeta percibe la realidad y el mundo de otra manera, se empodera de la poesía para ser ella, para darse, para ser recibida, para completarse, como un mar que va y viene en olas de vida.

Suave brisa es un poemario invadido por nuestra cultura, especialmente de la Costa Caribeña que abarca su forma de ser, de sentir y de pensar; que muestra las etnias desde sus creencias y su forma de concebir el mundo y la cosmogonía de la vida. Al tocar este poemario el diario vivir, su poesía crea otras realidades, una realidad artística, lingüística y estética de la palabra.

> Tengo una casa a la orilla del mar,
> Tengo una cabaña en los cayos misquitos,
> Tengo muchos sueños por realizar,
> Tengo tantas lágrimas por los que ya no están.
> Tengo una panga con quien conversar,
> Pero no tengo nadie que me quiera acompañar.
>
> Solo tengo una casa de pescado donde puedo soñar.

Por su función lingüística y literaria sus poemas son caminos que nos llevan a reflexionar, a cuestionar, a poner el dedo en la llaga. Por su verdad poética es una poeta rebelde, y honesta con ella, con su entorno social y cultural. Su poemario es un texto ideológico, porque muestra el pensamiento de nuestro tiempo, lo de hoy, lo que vivimos, somos y sentimos. En su poesía subyace el discurso ideológico de la mujer.

> Aunque nos digan que somos
> el sexo más débil
> Soy una mujer de hierro.
> Lucho por mi metas familiares y personales.
> Lucho por todas las que no pudieron expresarse.
> Hay mujer de la casa,
> hay mujer de oficina,
> hay mujeres de las avenidas
> hay mujeres de la noche.
> Todas somos una.
> Todas somos fuertes, aguerridas y constantes.

Su poesía reconoce a la mujer como una mujer sujeta de cambios, de actuaciones y de nueva propuesta. En su poemario la mujer no es objeto estético del poema, como lo es en la poesía modernista. Todo lo contrario, la mujer rebela el poema, la mujer se vuelve poema, acecha la palabra para cambiar conductas represivas y androcéntricas, es decir, la mujer girando alrededor de la vida de los hombres.

No es una poesía contra los hombres, sino contra el machismo que destruye de diferentes maneras el ser de la mujer. Una poesía que incorpora al hombre en un binomio de respeto y solidaridad. Un poemario que también identifica a la mujer con la tierra. Si la mujer sufre de agresión psicológica, afectiva y sexual, también la tierra sufre de la contaminación y la destrucción ambiental.

> Lugar de huéspedes en lengua náhuatl,
> Con sus 36 islotes cerca de San Carlos.
> Archipiélago de nuestros aborígenes,
> biodiversidad incalculable e inolvidable;
> con tu ocaso espectacular, que hace brillar.
> Con un amanecer impresionante,
> ¡Eso eres! sitio de pintores primitivistas,
> artesanos de balsa y pescadores de mojarra roja.

Desde la mujer, su poemario *Suave brisa es* propuesta poética de resistencia, del grito para que la mujer se escuche, y sea visible para todos, como madre, esposa y ser social y cultural. Su poemario también está embarrado de dolor, de nostalgia, una melancolía del alma, pero sobre todo el poemario Suave Brisa de Sobeyda Peñalba es pan del espíritu.

.

ARS POÉTICA

Soy arte,

pinto con la imaginación,

Soy cultura,

comunico a los pueblos,

Soy literatura,

el arte de expresar la belleza,

Soy sabor culinario,

le pongo sazón a la vida,

Soy geografía,

establezco la línea ecuatorial,

Soy latitud,

clima, relieve y montañas,

Soy el mar,

el sol, el fuego y el aire

¡Mi padre es el arte y mi madre la literatura!

UNA BRISA SUAVE

UNA BRISA SUAVE

> «…y la brisa va a llevar
> la canción triste y profunda»
> **Rubén Darío**

Una brisa suave me acarició

la mañana del mes de marzo

Pude tener el cielo en tus ojos:

Tu mirada, tu sonrisa,

 tus manos. tus besos.

Creí siempre en el amor

¿Cómo sería? Imaginé

Al conocerte.

viajé sin rumbo,

a todas partes.

Has estado siempre aquí

en mi

Después de tu partida.

solo quiero decirte

que la brisa, que una vez acarició mi rostro,

se convirtió en aire fresco

llenando mi vida de soplo vital.

ERES MI REGALO

El día que supe que vendrías,

fue un día especial para mí.

Pensé, cómo nacerías.

¿Será moreno? ¿Será de ojos claros y tez blanca?

Mi vientre se fue hinchando

hasta que una fecha como hoy: llegaste tú.

En este día de tu nacimiento

celebro que tú eres uno de mis dos regalos,

que la vida me dio.

La naturaleza me ha dado la oportunidad

de ser madre y darle vida a un nuevo ser,

Soy tu amiga y te consuelo en tus momentos tristes,

Te eduqué con buenos valores,

Me amas y me apoyas en mis momentos

llenos de desesperanza.

Tú y tu hermano son el mejor regalo

que Dios me ha dado.

¡Gracias por ser mi hijo!

¡Gracias por ser tu mamá!

¡Gracias por existir!

RAYO DE LUZ

Llegaste tú a mi vida
sin sospechar en qué
te convertirías.

Eres fuego y luz,
también sombra y frío.
Tienes miedo, yo también.
Disfruto tanto cuando recorres mi cuerpo
y absorbes el olor de mi piel.

En este día de tu nacimiento
deseo que estés conmigo.
quizás los próximos
estarás en Estelí o Matagalpa sin mí.

Sólo quiero que sepas:
te has convertido en un rayo de luz
Que me hace brillar.
¡Gracias por ser mi luz!

CALOSTRO

Soy tu fuente de vida
mi pecho te alimenta,
el calostro te nutre
creces fuerte y saludable.

Lloro de dolor cuando sangras mis pezones,
Todo sacrificio vale la pena
soy feliz cuando mamas.
Soy feliz de ser madre.
Veo tu rostro angelical
¡Soy feliz!

UN SOPLO DE AIRE FRESCO

Conocí el dolor,

experimenté el llanto,

Te conocí a ti y mi vida cambió.

Aprendí a quererme,

mirarme al espejo sin temor,

mi cuerpo ha cambiado, mis pechos se ensancharon.

mi alma está rebozando de tanta felicidad.

OJOS CANSADOS DE MIRAR

Eres una anciana,

cansada de caminar y mirar,

construiste con tus manos y esfuerzos,

aquella familia que un día emigró.

Fuiste artesana de tu propio destino,

hoy la vida recompensa tu labor de madre,

zurciste los hilos que unieron a tu familia,

hoy tienes los ojos cansados de mirar,

la tez flácida y el cabello blanco.

Aún tienes las ganas de luchar,

aún sigues por las sendas en tu andar.

Sólo esperas que tus ojos se queden cansados de mirar.

MI LAZARILLO

Me guiaste por un buen camino,

dibujaste el timón de mi vida,

abriste los ojos y cerraste la puerta,

diste abrigo de madera de tuno,

me enseñaste a luchar y no rendirme nunca.

Has sido mi lazarillo de Dios en mi sendero,

Siempre has estado conmigo y yo contigo.

¡Gracias por ser mi guía!

HIJOS DEL FOLKLORE

Danzan mi padre y mi madre

al ritmo del Solar de Monimbó.

Ellos nacieron en medio de lagos y volcanes.

Danzan al ritmo de Camilo Zapata y su Minga Rosa Pineda.

Recuerdo a mi madre con sus jadeantes caderas, sonriente y feliz.

sus pechos rebosantes de jovialidad,

sus piernas endurecidas de tanto caminar,

su rostro con una piel tersa y su mirada pícara.

Yo danzo al ritmo de mi Cumbia Chinandegana.

ESTRELLA SOBERANA

Te recuerdo entre mis brazos,

eras una bebé,

Dios me dio una hermanita.

ese mediodía

Ahora el destino nos separó

tu luz se apagó

Tuviste la bendición de ser madre dos veces,

Hermana, siempre recordaré nuestra infancia.

en la banda del Instituto de El Viejo,

Disfrutaste de la vida,

Rompiste el mar, con las olas de tu vida

Te recuerdo siempre con alegría,

sonrisa y mirada.

Fuiste una guerrera de la vida,

Fuiste mujer, amiga,

hermana, madre y maestra de inglés.

Simplemente fuiste tú.

I miss you

RESILIENCIA

¡Eres linda y sensual!
con la fuerza de volar como un guardabarranco.
Tus pechos desgarrados son como el Concepción y el Maderas.
Fluyes siempre en el San Juan,
 ríes a carcajadas
te quedas somnolienta con el petricor.

A veces murmullas,
lloras y extrañas aquella canción de cuna.
Renuevas tus energías en el San Cristóbal,
estás triste. Lo sé.
Tus entrañas se inflaman,
tu corazón se ensancha,
Al ver esos ojos llenos de ternura,
que refractan un corazón límpido.

MUJER DE HIERRO

MUJER DE HIERRO

Aunque nos digan que somos

el sexo más débil

Soy una mujer de hierro.

Lucho por mi metas familiares y personales,

lucho por todas las que no pudieron

expresarse. mujeres de la casa,

mujeres de oficina,

mujeres de las avenidas

mujeres de la noche.

Todas somos una.

Todas somos fuertes, aguerridas y

constantes.

AMOR EN SILENCIO

Mi táctica es quererte como sos,
es amarte sin ser amada, es esperarte…
Mi táctica es disfrutar cada segundo a tu lado,
simplemente obviar la distancia entre ambos.

En cambio, mi estrategia es más simple,
pero más profunda,
simplemente quedarme en tu recuerdo,
y que un día tal me necesites.

Por eso hoy te dedico estos versos
llenos de pasión,
llenos de nostalgia por volver a verte,
intercambiando miradas con tus ojos hermosos.

La distancia que hay entre tú y yo,
sólo demuestra que no hay distancia alguna
porque te llevo siempre en mi mente,
 estarás conmigo.
aunque por ahora no te pueda ver,
 ni sentir el olor de tu piel.

DISTANCIA

La distancia entre tú y yo,

es la misma que divide

ese punto equidistante.

Es la trayectoria que recorres a través del tiempo.

la velocidad con que anudamos nuestros sentimientos.

El tiempo que nos ofrece un nuevo verano,

todo transcurre normal,

hasta que llegas.

La distancia entre tú y yo

es una costumbre más;

cuando enciendes la televisión

y luego te vas a la cama.

sin importar tu día y mi día,

La noche hace su labor,

por fin nos abrazamos.

CICATRICES

Hay cicatrices imborrables en la vida,
otras que cierran el pasado
y abren el futuro.
otras recuerdan la herida en tu rostro.

Otras recuerdan las heridas del alma;
pero las cicatrices entre tú y yo
recuerdan nuestros nombres.
por fin, estamos en paz.

Por fin, yo te veo y ya no duele,
Aprendí a olvidarte y verte sin rencor
Hay cicatrices de una batalla.
las tuyas son permanentes
las llevo grabadas en mi piel.
Te digo adiós, ¿Ahora cómo te olvido?

ÁNGEL DE LA GUARDA

Con un trago de ron piensas olvidarme,

no lo consigues,

Con una nueva pareja piensas olvidarme,

no lo consigues,

Con una nueva casa piensas destruir mi recuerdo,

no lo consigues.

Lo único que consigues es:

Mantenerme en tu recuerdo

no sé cómo ni con qué excusa,

pero vivo en ti.

Pero, el ángel de la guarda

siempre cuida de mí,

lejos o cerca, me cuidas.

Me piensas

triste o alegre, vives en mí.

MI PLAYA ERES TÚ

La causalidad nos hizo el milagro,

el destino nos juntó de nuevo,

eres mi fortaleza y el árbol que me da sombra.

Eres esa playa donde camino y medito.

Eres un espécimen en extinción.

Reconozco tu mirada penetrante

 y tus vagos pensamientos,

Puedo sugerirte que me ames,

puedes amarme sin barreras, sin miedo.

En cambio, yo te amo como eres,

Amo tus ojos cafés y tu sonrisa ingenua.

Mi playa eres tú

EMPATÍA

Cuando miro tus ojos,

me conecto a ti,

siento tu piel en mí

Tus metas son mis metas,

ius triunfos y fracasos

tus ilusiones, tus sueños y pesares

son los míos.

Dime ¿por qué callas?

No escondas tu mirada.

Dame tu mano

y camina conmigo.

TARDE GRIS

Aurora y ocaso son dos elementos de la naturaleza,

nosotros somos como el agua y el aceite:

fuimos leña, viento y mar.

Fuimos algo que no se sabe explicar.

Lo que yo tuve contigo

fue algo tan divino.

fue calor y abrigo,

y esta tarde gris,

trae tu recuerdo hacia mí.

SOBREVIVIR

Sobrevivo cuando cantas la canción de cuna,
sobrevivo las tormentas que vivo a diario,
sobrevivo la pandemia que nos invade.

Lo que no sobrevivo es tu ausencia por la noche,
lo que no sobrevivo es verte triste por mí.
Enséñame a sobrevivir en esta vida de duelos y espantos.
enséñame a vivir sin ti.

LUNA DE PERGAMINO

Expresa tus ideas mi luna,

no ocultes tu gemir,

dile al mundo lo que piensas,

dile a la gente que no eres feliz.

Entre tantas angustias vividas,

yo te consuelo en mi regazo

Mi niña, mi chiquita, mi bichita, mi guila.

Quiero verte sonreír

mi luna de pergamino

Hazme un favor,

no llores más por tu pasado,

escribe otra historia

en otro tiempo, voz y espacio.

CONFITES EN EL INFIERNO

Tiene confites en el infierno,
Su alma se estremece cada noche.
tiene una casa con dos empleadas domésticas,
un carro del año;
también vive en una cárcel disfrazada de hogar,
en una jaula de oro,
allí se llora y se vive en vigilia.

Tengo confites en el infierno,
vive un matrimonio de apariencias,
cumple una misión con la sociedad:
buena hija, esposa, madre, profesional.
Pero no es feliz cada vez que desgarras su piel,
La toma sin permiso y no consigue un orgasmo.

Siente asco y repudio. Luego se siente sucia.
¡No me toques! Por favor.
No abuses de mí:
Seré como el ave Fénix
Renaciendo de mis cenizas

POEMAS DE LO COTIDIANO

HUELES A ZERMAT

Mujer nicaragüense, mujer emprendedora,

que diariamente laboras

como asesora o promotora.

Eres una mezcla de amor y fragancia,

hueles a rosas, hueles a frambuesa,

que transpira la naturaleza,

con abundancia.

Te sientes bella, hermosa y   vigorosa.

Te vistes con sentimiento y sensualidad,

Esa es tu personalidad,

Todo lo haces con responsabilidad

porque tienes empatía y amabilidad.

¡Mujer perseverante! ¡

¡Por eso estás aquí!

Siempre luchas por tus metas.

Con tus ganas de vivir.

Y tu fragancia esparcir,

desde Rivas hasta Madriz.

A JOSEFA GARCÍA GRANADOS

Josefa García Granados

mujer incansable

En su poema «El Sermón»

dijo: «Dos tetas halan más que doce mil carretas»

Josefa García Granados

 abrimos los ojos con esmero,

con rosas de sangre y lirios de pudor.

No permitamos que nos callen, ni nos maten,

Bloque con bloque una pared de mujeres

construiremos un mundo mejor.

Josefa García Granados

rompiste con los convencionalismos sociales,

con tu pluma y tu voz

despertando en mí este poema para vos

ADICCIÓN

Por la mañana

no leo la Biblia

Reviso mis redes sociales

me olvido rezar

pero no olvido el celular

No hablo con Dios

Pero si hablo con mis amigos virtuales.

La imagen ha sustituido a la palabra,

el Instagram, Facebook, Free fire, Twitter, Wasap,

han sustituido las conversaciones familiares.

Nadie te visita y te pregunta ¿Cómo estás?

Hoy en día las visitas preguntan

¿Cuál es la contraseña del wifi?

Estamos en un mundo lleno de adictos tecnológicos,

Ahora los sentimientos son virtuales,

un beso por chat

un abrazo por wasap

un te quiero por imagen

y nos convertimos en migrantes o nativos digitales

REBELDÍA

Tu signo zodiacal te predijo

serás rebelde Acuario,

libre e independiente.

No se percató

en tu etapa de adolescente

cumpliste lo predicho.

Sos rebelde sin causa,

No contribuyes al hogar,

dejas tus chinelas abandonadas

en un viejo rincón de tu cuarto.

No piensas en transformar tu realidad

Sos cortoplacista y conformista.

Eres rebelde sin causa.

La toalla mojada queda esperando

ser guindada en un clavo.

La cama desordenada pide que la arregles.

El ímpetu te acompaña y no te deja ver

Tu cuarto está sucio, tu libro está roto.

¿Acaso es ley que vivas en el desorden?

GALLO DE PELEA

Con tu cresta asiática ganaste la pelea,

otras veces quedas entablado.

En muchas ocasiones pierdes la jugada,

raras veces ganas una pelea.

La navaja corta muy afilada al enemigo,

pero el enemigo tiene una cuartada

Te hace un gallazo

Lo pierdes todo:

tu reputación de gallero,

el dinero apostado,

los amigos de la jugada

En realidad, nunca fueron tus amigos

fueron cómplices de tu vicio.

PÁJARO CARPINTERO

Soy la pájara pinta,

vos un pájaro carpintero,

somos de la misma especie

pero diferente familia.

Cuando tú vienes yo voy.

Cuando tú duermes

yo estoy despierta,

nunca coincidimos.

Nunca fuimos más que amigos.

AGUAS TERMALES

Curan enfermedades de la piel.

Liberan las toxinas acumuladas.

Sanan y relajan tu cuerpo.

Provienen de un volcán,

con sus minerales

Traen consigo

salud y bienestar.

Son las aguas termales

de Cosigüina o Potosí

de Tipitapa o San Jacinto

Las que calientan mi alma

curan mi cuerpo.

Son las mismas

que me trajeron aquí

PUNTOS CARDINALES

Eres mi norte y mi sur,
 eres los cuatro puntos cardinales de mi vida:
Paciencia, empatía, amor y dignidad.
¿Sabes? ¿Por qué me miras así?

Escucho el murmullo de la noche
en la impasible oscuridad,
Los grillos y saltamontes
 están de fiesta al escucharte
Ni la melodía de Mozart y Beethoven
 son tan poéticas,
Ni el arte barroco es tan antiguo
 como tu recuerdo.

Naciste en agosto con las fiestas de San Roque,
pero hoy que ya no estás físicamente,
 toca recordarte, solo eso
porque tus manos, ya no me abrazan;
este agosto es vacío y tenue
 sin tu mirada hermosa y pícara.

No te digo adiós, algún día nos juntaremos…
ese día nos volveremos abrazar;
ese día tu mirada será brasa encendida
en el incensario de mi vida.

LETRAS QUE VUELAN

Mujer
aprendiste a leer y saliste de la oscuridad
con tu puño en alto y el libro abierto
transformaste la sociedad.
Las letras llegaron a ti
con la gran Cruzada Nacional.

Brillaste en la inmensidad.
Se cumplió lo dicho,
La sembradora salió a sembrar
Continuaste tu aprendizaje
sin olvidar tus raíces campesinas,

Conchita Palacios
 la primera médico nicaragüense;
quien rompió todos los esquemas sociales,
estigmas hacia la mujer profesional.
Tuviste muchos ejemplos de mujeres aguerridas,
Xóchilt Acalt fue una de ellas.
Continuaste la tradición: formaste hombres y mujeres
en personas de bien.

Hoy la lámpara y la cotona de la alfabetización,
Aún nos guían.

Awas Tangi

Para las maestras de la escuela Julio Bucardo, Bilwi

Soy una mujer fuerte

con fragancia de awas – tangi

diariamente recorro mi camino

de la vida.

Mi ser fluye como el Tuapí[2]

soy madre, maestra y mujer

de la vida cotidiana.

El sudor de mi frente

me hace sentirme inwanka[3]

porque él transpira todo

mi ser.

Aprendí dese niña Mískitu Aisasara[4]

Aprendí a comer liph wina[5]

aprendí a amar la tierra

de mis antepasados.

Soy guabul, rondón, yontamal,

---

[1] Flor de pino.
[2] Rio ubicado en Bilwi.
[3] Renovada.
[4] Hablar misquito.
[5] Tortuga.

nancite, sodaqueue, pejibaye[6]

y todo mi olor es del caribe nicaragüense.

Crecí en Taspa pri y Sandy Bay[7]

Emigré a Bilwi para superarme

Mis padres nacieron en Waspán

Ahí están mis raíces

Los españoles nos impusieron

su idioma

Yo hablo Mískitu porque

conservo mi identidad cultural.

Nicaragua es la tierra que me vio nacer

el Pacífico y el Caribe estrechan

lazos de amistad conservando nuestro acervo cultural.

¡Amo mi Puerto Cabezas!

¡Amo mi Costa Caribe!

¡Amo mi Nicaragua!

---

[6] Bebida de banano, tamal de maíz, galleta de harina, fruta típico.
[7] Comunidad indígena.

PACHAMAMA

Pachamama

Ella, la mujer que nos dio la vida,

la que siempre nos alienta con sus pechos erguidos.

Hoy los estragos de la naturaleza son incalculables

por la piel seca del suelo y los bosques desgarrados

A pesar de ser el hombre el causante de tanta

destrucción, ¡Pachamama me abraza!

Con el viento y sus ramajes

Siento mis labios un sabor a pera,

fresa, jocote, papaya y sandía.

Todo lo produce con su tierra fértil.

Hoy respiro aire puro en la cordillera de los Maribios,

en la Isla de Ometepe y en mi amado Solentiname.

Cada vez, que pienso en ti mi tierra querida:

Nicaragua; mi planeta favorito, mi casa abierta, mi

Pachamama. escucho el trino de un guardabarranco,

Siento un soplo de aire fresco. Cada vez que respiro

la vida me ha regalado un nuevo día.

Los días pasan y llegamos al ocaso

La mañana culmina en ese lindo atardecer

En Padre Ramos, tierra protegida por el hombre.

¡Te amo mi Pachamama!

Luchas día a día sin descansar.

No te detienes y sigues luchando por un sitio

libre de plástico.

Los océanos se abrazan en tal inmensidad.

¡Somos agua, tierra, fuego y aire!

¡Somos naturaleza viva!

¡Somos descendientes de los Aztecas, Mayas e Incas!

¡Somos América Latina!

SER COSTEÑO

Coast people is being friendly and dancing,8

Kus wina kaia ba Mískitu,9

Ser costeño es, compartir un rico Rondón,

Gallo pinto con coco y un delicioso patí.[10]

Ser costeño es, ser descendiente de las etnias caribeñas:

Creole, Mestizo, Garífuna, Mískitu, Ulwa y Rama.

Ser costeño es,

 conservar las costumbres de nuestros antepasados.

Coast people is living in The Bluff, Kukra River,

Kukra Hill, Karawala,

Laguna de Perlas, Corn Island and Bluefields.

Kus wina kaia ba mairi natatara

(Ser costeña es, ser mujer de nalgas grandes

Kus wina kaia ba Mískitu aisasara

(Ser costeño es, hablar Mískitu

Kus wina kaia ba lihwina piaia.

(Ser costeño es, comer tortuga de mar

Ser costeño es, bailar palo de mayo

en honor a la Diosa Mayaya,

Celebrar el 30 de mayo con la danza del Tululu.

Ser costeños es, estudiar en BICU y URACCAN,

Amar nuestra tierra con olor a fruta de pan.

BICU: Bluefields Indian Caribbean University

URACCAN: Universidad de la Región Autónoma de la Costa Caribe del

Atlántico Norte.

---

[8] Ser costeño es ser bailador y amistoso.
[9] Ser costeño es ser misquito.
[10] Pan típico.

LA REINA DE LA MONTAÑA

Lugar de etnias caribeñas:

Mískitu, mayangnas y mestizos.

Bonanza, eres la ciudad de la minería,

y el corazón del triángulo minero.

Tienes una gastronomía inconfundible:

la malanga con cuajada es exquisita,

la guardiola es mi preferida,

el chancho de monte es un alimento común,

me encanta saborear un guabul,

 buña, dikuro, wannipuna, dipis.[11]

El río Bambana es una leyenda,

costumbre y misterio

este se encuentra con el río Prinzapolka

y conversan a cielo abierto.

Los guiriseros de pana y cajón

prefieren conservar su tradición.

Los mineros de HEMCO trabajan a cielo abierto,

el río Chilanwas y Españolita comparte su labor,

calmar la sed de los mayangnas en toda la región,

el Waspuk solo mira la ocasión y dice:

Mi pueblo aún conserva sus costumbres, religión y tradición.

a lo lejos está Musuwas, capital de la etnia mayangnas.

ellos han sufrido el despojo y asesinato de los colonos.

el wawa y el kukalaya dijeron:

"Nosotros los altos del sol

---

[11] Todas son comidas típicas.

TUAPÍ[12]

Mi Bilwi querido,

Con su Tuapí en el corazón.

Conservas tus costumbres

Resaltas a tu etnia Mískitu.

Lugar de esparcimiento,

Tiempo para reflexionar,

Eso es mi Tuapí.

Winamba[13]

---

[12] Río ubicado en Bilwi.
[13] Saludo en misquito

EL CANGREJO

La fiesta del cangrejo,

Es exuberante, espectacular,

Caracteriza al pueblo de Corn Island,

La danza del cuerpo al son del compás,

Los tambores suenan y vibran.

Celebramos nuestra autonomía como

caribeños, Celebramos el fin de la esclavitud,

Con un delicioso rondón y un gingerbeer[14],

te espero en casa para brindar.

Espero a mi hermano,

mi amigo, mi compañero.

Te espero a ti que eres parte de mí.

---

[14] Bebida tipica en Navidad

BOSAWÁS

Eres el pulmón de Centroamérica,
eres lo más preciado de nuestros recursos naturales,
eres sin duda una joya de Nicaragua:
Bocay, Saslaya y Waspuk.

El hombre destruye lo que ve a su paso.
El hombre construye edificios
y destruye la naturaleza.
Debo cuidarte y mimarte como a un hijo,
debo guardarte como un tesoro;
lamento fallarte, te han destruido,

Mayangna es la etnia,
protectora de tus raíces,
ellos te agradecen lo que les has dado.
Permanecen en tus riberas y montañas,
No te cambian por nada,
porque eres oxígeno puro.

MAIRIPAINKIRA

(Mujer bonita)

Esbelta y piel morena,

Cabello largo y ojos pequeños,

Una mujer bonita en Bilwi,

camina cansada después de la jornada.

Una mujer bonita por dentro y por fuera,

Vas a pescar y aportas al hogar,

Llegas a casa después de la caza,

Traes un venado a cuestas.

Otras son comerciantes de pepino de mar,

otras venden tortugas en el mercado,

otras son maestras en escuelas monolingüe y bilingüe.

Su belleza radica en enfrentar a la vida,

en no rendirse, ni apagarse,

 mantenerse firme como una linda flor de pino.

Siempre eres y serás una mujer bonita

CASA DE PESCADO

Tengo una casa a la orilla del mar,

Tengo una cabaña en los cayos misquitos,

Tengo muchos sueños por realizar,

Tengo tantas lágrimas por los que ya no están.

Tengo una panga con quien conversar,

pero no tengo nadie que me quiera acompañar.

Solo tengo una casa de pescado donde puedo soñar.

SOLENTINAME

Lugar de huéspedes en lengua náhuatl,

con sus 36 islotes cerca de San Carlos.

Archipiélago de nuestros aborígenes,

biodiversidad incalculable e inolvidable;

con tu ocaso espectacular, que hace brillar.

Con un amanecer impresionante,

¡Eso eres! sitio de pintores primitivistas,

artesanos de balsa y pescadores de mojarra roja.

Eres un monumento nacional,

impones tu gracia con ese hermosa flora y fauna.

¡Eres el diamante de Río San Juan!

Siempre vas con tus olas que conducen

por el lago Cocibolca hacia el eterno paraíso,

con tu isla La venada, San Fernando,

 Mancarrón y Mancarroncito, la isla del Padre y El Zapote.

esparciendo arte, cultura, ritmo y musicalidad

bajo ese silencio que conduce a la tranquilidad.

SIRENA

Nací en medio del océano Pacífico,

crecí en medio de olas y tormentas tropicales,

fui despojada de mis raíces.

Emigré a la ciudad.

Antes de llegar al mundanal ruido,

soñé que era una sirena:

libre, hermosa por dentro y por fuera,

capaz de expresar sus ideas sin temor alguno.

Creí en el amor: a la vida, a la naturaleza y a un ser humano.

Navegué en mis aposentos y encontré

una caja de pandora, la sirena cantaba y bailaba.

Soñé que era una sirena,

sin temor a la tormenta del mar.

Sin miedo a nada

Hasta que la tarde gris cubrió…

Mi cansado rostro se llenó con el ocaso,

Me llamaban la loca

mis ideas y mi personalidad encerraban misterios.

Los pescadores conversaban entre sí.

Hasta que   la aurora,

vio   mi cuerpo frío

y   mi alma sin fe.

yes **I want** morebooks!

Buy your books fast and straightforward online - at one of world's fastest growing online book stores! Environmentally sound due to Print-on-Demand technologies.

Buy your books online at
www.morebooks.shop

¡Compre sus libros rápido y directo en internet, en una de las librerías en línea con mayor crecimiento en el mundo! Producción que protege el medio ambiente a través de las tecnologías de impresión bajo demanda.

Compre sus libros online en
www.morebooks.shop

info@omniscriptum.com
www.omniscriptum.com